DOLEY

LA PERRA CALLEJERA DE GUATEMALA

LOS **SONIDOS** DE
SAN MARCOS

Guatemala is filled with sounds. That must be why Doley has such expressive ears.

Guatemala está llena de sonidos. Seguramente es por eso que las orejas de Doley son tan expresivas.

Doley watches over Chela day and night, listening closely to the sounds of San Marcos from her treehouse above the village.

Desde su casita del árbol, sobre la villa, Doley cuida a Chela día y noche, siempre pendiente de los sonidos de San Marcos.

Being a Guatemalan street dog is a lot of work. Every day Doley has important jobs to do.

Ser una perra callejera en Guatemala es un arduo trabajo. Todos los días Doley tiene cosas importantes que hacer.

"Cock-a-doodle-doo!"
"¡Quiquiriquí!"

She helps the roosters wake up the sun.

Ayuda a los gallos a despertar al sol.

"Ruff! Ruff!"
"¡Guau! ¡Guau!"

She keeps the birds up in the sky.

Mantiene a los pájaros arriba en el cielo.

She makes sure the butterflies find the right flowers.

Se asegura de que las mariposas encuentren las flores correctas.

And when the moon is full, she sings it a lullaby all night, and helps it go to sleep in the morning.

Y cuando hay luna llena, le canta una canción de cuna durante toda la noche y la ayuda a dormirse por la mañana.

At night, the air is fresh
and cool in San Marcos,
and the breeze carries a
hint of magic in it.
The darkness of the
night seems to say "hush"
to the entire village.

En las noches, el aire
en San Marcos es fresco,
y la brisa sopla con
una pizca de magia.
La oscuridad parece
acallar la villa entera
con un "shhh."

But there are still sounds,
many of them...dogs barking,
musicians playing and singing, insects,
and the crackling of a fire.

Pero aún así, hay ruidos, muchos de
ellos...perros que ladran, músicos
que tocan y cantan, insectos, y el
chisporroteo de las hogueras.

When Doley hears
howling in the
distance, she insists on
being taken down
from the treehouse.

Cada vez que Doley
escucha aullidos a lo
lejos, insiste en que la
bajen de la casita
del árbol.

Chela watches her run
down the narrow,
winding, dirt path,
into the shadows.
She worries, but Doley
always comes back.

Chela la ve correr por el
estrecho y zigzagueante
sendero de terracería
hasta que se pierde en
las sombras de la noche.
Se preocupa, pero Doley
siempre regresa.

Doley wants to be the best Guatemalan street dog that she can be, so she listens closely and learns from the other dogs.

Doley quiere ser la mejor perra callejera de Guatemala que pudiera ser. Por eso escucha atentamente y aprende de los otros perros.

Behind the fruit stand closed up for the night, she listens to Flaco, the oldest and wisest of the street dogs. He teaches Doley to catch each and every sound with her ears.

"Always listen to the sounds of San Marcos, little Doley."

"Pon siempre atención a los sonidos de San Marcos, Dolita."

Detrás del puesto de fruta que ha cerrado durante la noche, escucha a Flaco, el perro más viejo y sabio de todos los perros callejeros. Flaco le enseña a Doley a usar sus orejas para atrapar todos y cada uno de los sonidos.

She listens, and hears
new sounds...
the ferry in the
distance, the deep
rumbling of a volcano.

Doley hace caso y
escucha, y percibe
nuevos sonidos...
el ferri a lo lejos, y el
retumbo del volcán.

"When I was young, I did not pay attention to the sounds around me," says Flaco. "One day, my human friend called for me, but I did not listen. He called and called, but I did not answer. My friend had to leave the village without me."

"Cuando era pequeño, no ponía atención a los sonidos de mi alrededor," dice Flaco. "Un día mi amigo humano me llamó pero no le hice caso. Me llamaba y llamaba pero no le respondí. Mi amigo necesitaba irse de la villa."

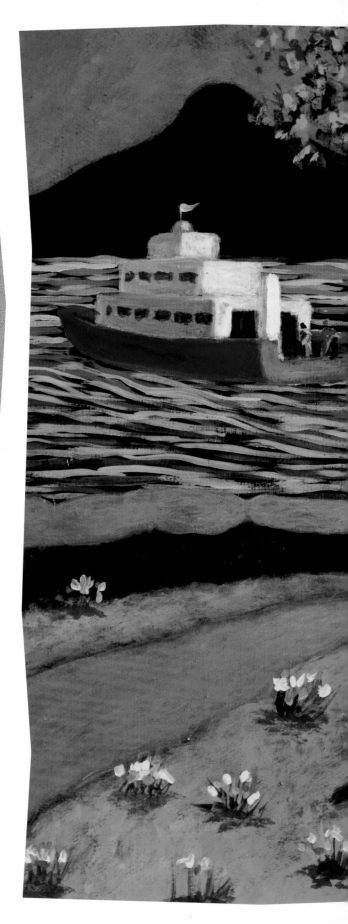

"We took care of
each other, and without
him, I had little to
eat. I became so skinny
that the other dogs
called me Flaco.
That is how I learned
the importance of
listening."

"Antes nos cuidábamos
mutuamente, y después
sin él casi no tenía qué
comer. Me puse tan
Flaco que mis amigos así
me apodaron Flaco."

Doley doesn't want Chela to leave the village without her. She listens carefully, just as Flaco taught her. Doley hears the Quetzal sing, the wind rustle through the coffee plants, and then, a more familiar sound.

Doley no quiere que Chela se vaya de la villa y la abandone. Escucha con mucho cuidado, tal como Flaco le enseñó. Escucha el canto del Quetzal, el murmullo de la brisa entre los cafetos, y después un sonido más familiar.

"Doley!"

"¡Doley!"

It's Chela calling her. "Doley!"
Doley runs fast back up the narrow,
winding, dirt path to her treehouse
above the village.

Es Chela llamándola. "¡Doley!"
Doley corre de vuelta por el estrecho y
zigzagueante sendero de terracería hasta
la casita del árbol sobre la villa.

"I knew you would come back!"
Chela exclaims with happiness and relief.
"You always do."

"¡Yo sabía que regresarías!"
exclama Chela con alegría y alivio.
"Siempre lo haces."

Doley is sleepy,
but a Guatemalan
street dog's work
is never done.

Doley tiene sueño
pero el trabajo de
una perra callejera
Guatemalteca nunca
termina.

The end.

El final.